La práctica de la generosidad extravagante

La práctica de la

GENEROSIDAD

extravagante

Lecturas diarias sobre la gracia de dar

ROBERT SCHNASE

ABINGDON PRESS
Nashville, Tennessee

LA PRÁCTICA DE LA GENEROSIDAD EXTRAVAGANTE: LECTURAS DIARIAS SOBRE LA GRACIA DE DAR

ISBN-13: 9781791007799

Las lecturas diarias que se encuentran en este libro están adaptadas de los escritos anteriores del autor, incluidos *Cinco prácticas de congregaciones fructíferas, Five Practices of Fruitful Living, Cultivating Fruitfulness: Five Weeks of Prayer and Practice for Congregations, The Balancing Act: A Daily Rediscovery of Grace,* **y de los blogs de Robert Schnase publicados en FivePractices.org.**

Todos los textos bíblicos en este libro son tomados de la Santa Biblia, Versión Reina-Valera 1995, Edición de Estudio, derechos de autor © 1995, Sociedades Bíblicas Unidas. Usados con permiso. Todos los derechos reservados.

CONTENIDO

BIENVENIDA

Dar nos ayuda a convertirnos en lo que Dios quiere que seamos. Dar no se trata simplemente de dar dinero para las necesidades de la iglesia, sino de la necesidad de las personas cristianas de crecer en generosidad. La generosidad es fruto del Espíritu que muestra nuestro crecimiento espiritual. ¡El Señor usa lo que damos para transformar el mundo con los propósitos de Dios, y Dios usa lo que damos para reconfigurar y cambiar nuestra vida interior!

Durante las próximas cuatro semanas, le extiendo mi invitación a que se una para leer breves lecturas diarias con todos los demás miembros de su congregación. Cada lectura lo prepara a usted, a su pastora, a su pastor, a todos los líderes congregacionales, miembros e invitados para comprender más claramente "por qué" es tan importante dar en el cristianismo. Con este concepto en mente, desarrollaremos un lenguaje común y una teología de la generosidad. Si todos oramos, leemos y reflexionamos sobre los mismos pasajes, vamos a fomentar un sentido unificado de propósito y nuestra misión será clara. Su participación con un corazón abierto ayudará a abrir puertas para la misión futura de su iglesia. ¡Gracias!

Cada lectura incluye un versículo de las Escrituras y una breve devoción. Lea cuidadosamente, y reflexione sobre su propio peregrinaje en la fe y el ministerio de su congregación. Use las preguntas para impulsar una mayor exploración espiritual sobre lo que piensa, cree y hace. Termine su tiempo de preparación con una oración. Siéntase libre de expresar sus reflexiones con las otras personas, tanto en su hogar como en la congregación, que leen las mismas historias diarias, o tome nota de sus pensamientos en el espacio provisto para reflexiones al final de cada semana.

Es mi sincera oración que estas semanas sean de gran utilidad como tiempo de crecimiento espiritual y para renovar su compromiso con el ministerio de Cristo a través de su congregación.

En Cristo,

Robert Schnase

PRIMERA SEMANA

DE LA MAYORDOMÍA
A LA GENEROSIDAD

"Dad y se os dará; medida buena, apretada,
remecida y rebosando darán en vuestro regazo,
porque con la misma medida con que medís,
os volverán a medir."
— Lucas 6:38

Hace unos años, tuve el privilegio de hablar en un se-
minario de capacitación en una gran iglesia metodista unida.
Mi anfitrión era parte del personal de la iglesia, y describió
cómo había cambiado recientemente su título después de leer
y reflexionar sobre las *Cinco prácticas de las congregaciones
fructíferas*. Anteriormente Director Ejecutivo de Administración, ahora era Director Ejecutivo de *Generosidad*. Él, el resto
del personal y los líderes de la congregación decidieron que
"generosidad" se acerca más que "administración" a la des-
cripción de su propósito y función.

Esta consideración me hizo pensar: ¿Cuál es la diferencia
entre "mayordomía" y "generosidad"? ¿Qué nos viene a la
mente cuando escuchamos esas palabras? ¿Cuál es la manera
más adecuada para diferenciar estos dos términos? ¿Cómo responden las personas a esos dos conceptos?

Somos mayordomos de la tierra. Somos administradores
de las cosas que nos han sido confiadas, que hemos heredado y
que hemos obtenido. Somos mayordomos de nuestras riquezas

y posesiones, y de nuestros cuerpos físicos. Los mayordomos, desde la antigüedad, son personas que tienen la responsabilidad de cuidar y mantener en buen estado las posesiones de otras personas. Hoy no se habla mucho sobre los mayordomos y la mayordomía fuera de la iglesia; es un lenguaje que proviene de nuestras raíces bíblicas y de nuestra herencia eclesiástica. Tiende a convertirse en un lenguaje interno que los miembros nuevos de la iglesia no comprenden ni fácil ni inmediatamente. Esta palabra genera una sensación ligeramente pesada y legalista, que conlleva la connotación de ser obedientes. Crecí escuchando la palabra *mayordomía*, y las campañas y los comités de mayordomía. Este lenguaje centraba nuestra atención en apoyar en las finanzas de la iglesia.

La generosidad es un aspecto de la personalidad de un individuo. Es una cualidad atractiva a la que aspiro y deseo cultivar en mis hijos. Lo opuesto a la generosidad es el egoísmo, el egocentrismo, la codicia y el individualismo. Ninguna historia de las Escrituras menciona a personas avarientas que tienen una vida espiritual relacionada con Dios. La generosidad se extiende más allá del simple uso del dinero, aunque definitivamente lo incluye. Hay espíritus generosos; almas generosas; personas que son generosas con su tiempo, con sus enseñanzas, con su amor. La generosidad encuentra muchas fuentes bíblicas y es fruto del Espíritu (Gálatas 5:22-23). La palabra *generosidad* suena más viva, más generativa, y menos legalista y formal que la palabra *mayordomía*. Mientras que tengo que explicar a mis hijos adolescentes lo que significa la mayordomía, reconocen la generosidad inmediatamente cuando la ven.

Admiro y respeto a las personas generosas. Quiero imitarlas. La generosidad no es un atributo espiritual que alguien adquiere, aparte de la práctica real de dar. Se vuelve discernible a través de la acción. Nunca describimos a personas como generosas si se quedan con todo lo que tienen y sólo se sirven a sí mismas.

La generosidad se enfoca en las cualidades espirituales del dador, derivadas de la generosidad de Dios, más que en la necesidad de dinero de la iglesia. Generosidad y mayordomía. Ninguno de estos términos es superior al otro. Quizás hay diferencias en cómo son percibidas por jóvenes y adultos mayores, por aquellas personas nuevas en la fe y de aquellos establecidos desde hace mucho tiempo en nuestras iglesias. Usar ambos términos sabiamente nos ayudará a alcanzar a personas en las diferentes etapas durante su camino en la fe.

- ¿Cuál ha sido su experiencia con el término *mayordomía*? ¿Y con el término *generosidad*? ¿Cual es la diferencia entre ellos?
- ¿Cuál de los dos conceptos más le motiva a dar cuando usted trata de crecer a imagen de Dios y al servicio a Cristo?

CONSTRUIR NIDOS

"...y lo que has guardado, ¿de quién será?"
— Lucas 12:20

Una mañana de marzo vi un gran halcón de cola roja volar con un palo largo y pesado en su pico. Sonreí con alegría ante esta señal indiscutible del comienzo de la primavera. Las aves no migratorias del área donde vivo comenzaban a construir nidos. Anteriormente había visto un cuervo que llevaba paja en su pico con el mismo propósito, y el día anterior a gorriones arreglando trozos de hierba en el agujero de un edificio.

Durante los meses venideros, aves de todo tipo dedican su esfuerzo, tiempo e ingenio extraordinario en la construcción de nidos, la protección de los huevos y la alimentación de sus polluelos. Después de que nacen los pequeños, siempre me sorprende la atención incesante que ofrecen los padres. Cada onza de energía de los adultos se dedica, no a su propia comodidad y alimentación, sino a la supervivencia de sus crías.

La noción de construir nidos se usa como una metáfora. Cuando estamos cómodos, seguros en nuestra casa o en el lugar de trabajo, lo compramos como "nuestro nido". La palabra *nido* a menudo connota refugio, un lugar acogedor, hogareño, cómodo.

De hecho, los nidos que construyen las aves no son para las aves que los construyen, sino para sus polluelos, para la próxima generación, para el futuro de la especie. Las horas de llevar paja, palitos y barro; los días de vigilancia defensiva; y las semanas de alimentación sin fin son para el beneficio de los pequeños, los jóvenes, es decir, el futuro.

Ahora considere los "nidos" que construimos en nuestras iglesias. Los edificios, programas, ministerios, descripciones de trabajo y servicios que ofrecemos, ¿son para nuestra propia comodidad y beneficio? O, ¿van a promover la fe y proveer para las generaciones futuras? ¿Nuestra donación nos sirve a nosotros y a nuestras necesidades? O, ¿sirve a Dios al servir a la misión de la iglesia para llegar a nuevas personas? Las congregaciones vibrantes y fructíferas concentran tanta energía, oración y planificación en aquellos que están fuera de la congregación como lo hacen en aquellos que ya están activos en la congregación. Cuando inician nuevos estudios bíblicos, ministerios de extensión o servicios de adoración, ponen menos énfasis en "qué quiero, prefiero o encuentro conveniente" y ponen más peso en "lo que alimentará las almas, nutrirá los espíritus y apoyará el caminar hacia Cristo" de aquellos fuera de la iglesia o nuevos en la fe. Las nuevas personas en la fe son tan vulnerables como las crías y requieren un esfuerzo constante y dedicado de atención y alimentación. Y la fe incipiente de los jóvenes requiere nuestra atención comprometida; más horas de cuidado; más horas extras en planificación, enseñanza, estímulo, generosidad, clases con tutores, y apoyo. Para quienes practican la generosidad extravagante, los nidos que construimos no son para nosotros, sino para la próxima generación, las nuevas personas en la fe, es decir, para el futuro del cuerpo de Cristo.

- ¿Qué lo motiva a apoyar los ministerios de su congregación?
- ¿Cómo su enfoque en la generosidad y en el apoyo a la misión favorece a otras personas con la gracia que usted ha recibido de Dios?

SEMILLAS CON ALAS

"El sembrador salió a sembrar su semilla. . ."
— Lucas 8:5

Una mañana, mientras caminaba con mis hijos, observamos una cantidad de árboles que dispersaban sus semillas de la manera más fascinante. Las semillas eran del tamaño de un grano de arroz con una sola extensión en forma de hoja del tamaño y con la forma de un ala grande de libélula. Con el peso de la semilla, el ala hacía que la semilla cayera del árbol con un movimiento oscilante y giratorio, como un helicóptero. El efecto visual es como ver "helicópteros de papel" que algunos de nosotros solíamos hacer en la escuela primaria. Las semillas formaban un remolino a nuestro alrededor, mientras descendían lentamente de los árboles y, a menudo, atrapadas por la brisa, eran transportadas lejos de los árboles que las producían. Fue una vista encantadora.

Jesús cuenta acerca de un sembrador que sale a sembrar. Esparce semillas a izquierda y derecha, cerca y lejos. Algunas de las semillas caen en senderos rocosos, algunas son comidas por pájaros hambrientos y otras son asfixiadas por malezas. Pero algunas encuentran tierra fértil, echan raíces y se produce una cosecha más allá de lo que cualquiera de nosotros puede imaginar. Jesús cuenta la parábola para recordarnos que nuestros esfuerzos sinceros y que vienen de nuestra fe tienen un impacto positivo en la vida de quienes nos rodean.

Ver las "semillas con alas", como las llamó mi hijo, agregó una nueva dimensión a la parábola de Jesús de las semillas y los suelos. Gran parte de nuestras acciones, incluso cuando vivimos vidas inmensamente fructíferas, afecta a las personas más cercanas a nosotros. Somos como árboles cuyas semillas caen directamente al suelo debajo de sus ramas y bajo su sombra. Naturalmente, tenemos el mayor impacto en las personas más cercanas, nuestras familias, cónyuges, hijos y nietos. Damos mucho fruto de esta manera, pero en un campo estrecho y limitado. Las ramas de los árboles que dejan caer sus semillas directamente debajo de ellas protegen sus retoños, filtran la luz solar para su bien y proporcionan hojas secas para nutrirlas. Entre las semillas más importantes que sembramos están la gracia y el amor de Dios que ofrecemos dentro de nuestras propias familias y entre nuestros familiares. Esta acción es nuestro llamado.

Cada persona cristiana tiene otro llamado aun más grande: dar alas a nuestras semillas para que el bien que hagamos y el impacto que tengamos se extiendan más allá de nuestra vista y de nuestro tiempo.

Cada uno de nosotros ha sido formado por las influencias de innumerables personas: amigos, compañeras de trabajo, mentores, maestras, entrenadores, vecinos, pastoras, patrocinadores juveniles, líderes de los *scouts*, colegas y confidentes, que han contribuido mucho más allá de sus propios círculos sociales. A través de su generosidad, tiempo, esfuerzo y amor, nos han cambiado a nosotros y al mundo, al proporcionar intencionalmente un legado que se extiende por todas partes.

A menudo me sorprende el inconmensurable impacto que las personas pueden hacer lejos de sus hogares y hasta mucho después de su muerte. En Honduras, visité una clínica iniciada por una clase de escuela dominical de una iglesia en Oklahoma hace muchos años. En una aldea africana, vi a niños que dormían bajo mosquiteros financiados por jóvenes de una iglesia en Alemania. En una iglesia estadounidense, vi telas de oración hechas a mano por cristianos de Corea. En hogares de ancianos, observé tarjetas de cumpleaños hechas por niños de cinco años. Y en las guarderías de algunas iglesias se encuentran mantas tejidas por ancianos confinados en sus hogares geriátricos.

Lo que Dios puede lograr en cualquier parte del mundo no tiene fin cuando nuestras "semillas tienen alas"; cuando estamos dispuestos a dejar que las oraciones, intenciones, planes, esfuerzos y trabajo que ofrecemos sean llevados por el Espíritu a lugares lejanos; cuando nuestra generosidad se mueve más allá de nosotros mismos.

- Piense en dos o tres de las personas más influyentes en su formación espiritual y de carácter que no sean sus parientes. ¿Qué hicieron que fue tan efectivo? ¿Qué puede usted aprender de su generosidad y del legado que le dejaron para darlo a otras personas?
- ¿En qué parte del mundo más allá de su propia iglesia y hogar hay signos del ministerio de su congregación? ¿Y de su ministerio?

EN ASOCIACIÓN CON DIOS

"Que hagan bien, que sean ricos en buenas obras,
dadivosos y generosos. De este modo atesorarán
para sí buen fundamento para el futuro, y
alcanzarán la vida eterna".
— *1 Timoteo 6:18-19*

Carolina y Martín han sido líderes en su congregación durante años, y su generosidad ha crecido constantemente a medida que han madurado en la fe. También han disfrutado del éxito financiero personal. Cuando su iglesia sintió el llamado de llegar a más personas y a generaciones más jóvenes mediante la construcción de un nuevo santuario, Martín y Carolina tuvieron el desafío y la oportunidad de hacer un gran regalo. Oraron por ello durante semanas, antes de decidir dar la mayor donación que habían hecho en su vida. "Sentí que se me pedía asociarme con Dios para lograr un gran propósito", dijo Martín. "Nuestro regalo se convirtió en una de las grandes delicias de nuestra vida. Nos encantó saber que podríamos impactar positivamente a la comunidad. La experiencia nos conmovió profundamente". Carolina comentó: "Si Dios nos da la capacidad y la pasión para hacer algo, ¿por qué no hacerlo en el nombre de Dios?"

Damos porque la generosidad nos ayuda a lograr los propósitos de Dios en nosotros mismos. Al dar, desarrollamos las cualidades internas de la generosidad. La generosidad no es un atributo espiritual que alguien adquiere sin la práctica de dar. Se vuelve discernible sólo a través del comportamiento visible. No podemos ser generosos y aferrarnos a todo lo que poseemos sin dar de lo que tenemos. Lo opuesto a la generosidad es la avaricia y el egoísmo que no son cualidades que conducen a la vida. Por eso, al dar, cultivamos una naturaleza diferente dentro de nosotros mismos.

Dios usa nuestra práctica de dar para reconfigurar nuestra vida interior. Al dar, creamos un deseo interno diferente como elemento impulsor de la vida. Nuestra motivación se modifica.

Dar modera el poderoso, y a veces destructivo, impulso insaciable de querer adquirir más. En la lucha interior diaria fomentada por una sociedad consumista y materialista que nos presiona a perseguir muchas cosas que no conducen a la felicidad real, la práctica de dar nos orienta hacia lo que sí satisface plenamente. Dar santifica y profundiza la lucha. Dar reorienta constantemente nuestra brújula interna en la dirección correcta. La generosidad se convierte en una herramienta que el Señor usa para acercarnos a Dios y alinearnos más estrechamente con lo que Dios desea para nosotros, sus hijas e hijos.

- ¿Alguna vez ha dado más allá de su diezmo o de lo que usted dona normalmente? Si es así, ¿cómo se sintió?
- ¿Le parece que cuanto usted más da, más probabilidades tiene de dar? ¿Por qué sí o por qué no?

Memoria muscular

"Mostrad, pues, con ellos, ante las iglesias, la prueba de vuestro amor y de nuestro motivo de orgullo respecto de vosotros".
— *2 Corintios 8:24*

Sara creció en una familia que practicaba el diezmo. De niña ponía diez centavos en el plato de la ofrenda por cada dólar que recibía. Al ganar su primer sueldo de $56 cuando era adolescente, sintió éxito y deleite al dar $5.60 a la iglesia. Ahora en sus cuarenta, Sara tiene un trabajo bien remunerado como ejecutiva en una empresa. Continúa diezmando como una actividad totalmente natural y regular de su vida. Lo hace con facilidad y gracia. "Me encanta dar", dice ella, "y no puedo imaginar vivir o amar a Dios sin retribuir por tantas bendiciones. Dar es una de las grandes alegrías de mi vida. Aprendí a diezmar y a practicar el diezmo desde muy temprano. Desarrollé una memoria muscular para dar. Así, como por jugar al tenis durante tantos años ya no tengo que pensar en mis movimientos en cada momento, así mi donación es parte natural de lo que soy". Para alguien que comienza a diezmar, el nivel de discipulado de Sara puede parecer inalcanzable. Pero con la práctica, cualquier persona puede desarrollar la misma "memoria muscular" espiritual.

Como bien lo saben quienes practican constantemente el diezmo, el dar proporcionalmente (es decir, dar un porcentaje fijo de los ingresos) y el diezmo obligan a las personas a mirar sus ganancias, ahorros y gastos a través de los ojos de Dios. Les recuerda que su valor máximo se deriva de la seguridad de que son hijas e hijos de Dios, creados e infinitamente amados por Dios. El amor eterno de Dios revelado en Cristo es la fuente de la autoestima. La verdadera felicidad y el significado auténtico radican en crecer en la gracia y en el conocimiento y amor de Dios.

El dar generosamente clarifica las prioridades de la vida. Ayuda, además, a que las personas distingan lo que es duradero, eterno y de valor infinito de lo que es apenas temporal, ilusorio e indigno de nuestra confianza. La disciplina de donar generosamente da a las personas una altura que ayuda a mirar a la sociedad consumista con una nueva perspectiva que nos capacita para ver sus trampas, engaños y mitos. La práctica de la generosidad es un medio por el cual el Señor nos edifica, fortalece nuestra alma y nos da las herramientas para servir a los propósitos de Dios.

- Lea 2 Corintios 8. Pablo concluye diciendo que nuestra entrega es una prueba de nuestro amor por Dios. ¿Es posible desear que Dios forme nuestras almas sin dar?
- Si practica dar o diezmar proporcionalmente, ¿cree que esta práctica afecta sus otros hábitos de gasto?
- Si usted no practica dar o diezmar proporcionalmente, ¿cuáles son los obstáculos que le evitan expresar una mayor generosidad hacia Dios?

DINERO EN SUELTO

"Pero el fruto del Espíritu es amor, gozo,
paz, paciencia, benignidad, bondad, fe,
mansedumbre, templanza".
— **Gálatas 5:22-23**

Una señora de una pequeña congregación me contó la manera cómo dirigió las discusiones sobre mi libro *Cinco prácticas de congregaciones fructíferas* en su casa con un grupo de personas. En la primera noche, colocó un recipiente en una mesa. Cuando el grupo terminó la discusión, les pidió a todos los participantes que vaciaran sus bolsillos, carteras y billeteras de dinero en suelto, no billetes, sólo monedas. Todas las personas aceptaron, para observar lo que ella iba a hacer. Esta señora repitió este misterioso pedido cada vez que se reunían mientras estudiaban el libro juntos. Cada semana, más y más dinero en suelto llenaba el recipiente.

La última noche, mientras hablaban sobre la "generosidad extravagante", ella reveló su plan. Tenía la intención de donar el dinero a la campaña *Nothing But Nets* (Sólo mosquiteros), el esfuerzo extraordinario para salvar vidas en África. Estos mosquiteros medicinales evitan que las personas contraigan la malaria (www.NothingButNets.net/). Había acumulado más de $300 con dinero en suelto, ¡lo suficiente como para comprar treinta redes! Este ejercicio tan sencillo y agradable mientras estudiaron mi libro salvará la vida de niñas y niños del otro lado del mundo. ¡Hasta el dinero en suelto cambia vidas! Al salvar la vida de un niño o una niña, cambiamos y hacemos el mundo un mejor lugar.

La generosidad es un fruto del Espíritu, una aspiración espiritual digna. Para practicar la "generosidad extravagante" es necesario tener control, paciencia, amabilidad, fe y amor a Dios y al prójimo. Estos frutos del Espíritu nos edifican; nos equipan para la vida y para el ministerio; y fomentan perspectivas y actitudes que son sostenibles, enriquecedoras y llenas de significado. Dar cambia al dador, al receptor y a la comunidad.

Con la experiencia de dar en suelto, esta pequeña congregación aprende de manera práctica sobre el discipulado, profundiza en su propia fe a través del estudio en conjunto, practica la generosidad de una manera sencilla, y cambia la vida de personas que nunca conocerán. Además, con estas acciones, la congregación también permite que Dios los cambie a sus miembros y a su iglesia.

- ¿Cómo cambia su iglesia la vida en la comunidad? ¿También afecta su iglesia a personas en otras partes del mundo?
- ¿Qué puede hacer usted para mejorar la vida de alguien esta semana?

LA GRACIA DE DAR

"Por tanto, como en todo abundáis, en fe,
en palabra, en conocimiento, en toda solicitud
y en vuestro amor por nosotros, abundad también
en esta gracia".
— 2 Corintios 8:7

Las iglesias que practican la generosidad extravagante no se refieren en términos generales a la mayordomía, sino que hablan con confianza y con fe sobre el dinero, las donaciones, la generosidad y los efectos positivos que produce para los propósitos de Cristo y en la vida del donante. Enfatizan la necesidad de los cristianos, mujeres y hombres, de dar más que la necesidad que tiene la iglesia de dinero. Enseñan, predican y practican donaciones proporcionales con el objetivo de diezmar. Usan el nombre de Dios con precisión al apelar a los propósitos más altos y honorables para la vida cuando mencionan la importancia de dar con generosidad en lugar de mencionar y usar el miedo, la culpa, la presión y la vergüenza como motivación para dar.

Las iglesias que cultivan el dar hablan de la alegría, la devoción, el honrar a Dios y el crecimiento constante del espíritu que conduce a una mayor generosidad. No se disculpan, no se quejan, no sienten vergüenza ni incomodidad al alentar a las personas a ofrecer a Dios lo mejor que tienen. Con esta actitud, la gente sentirá deleite y gozo al dar. Las campañas de compromiso para dar una cantidad específica de dinero no se centran en el dinero, ni en los presupuestos, sino en la misión, el crecimiento espiritual y la relación con Dios. Los esfuerzos de mayordomía profundizan la vida de oración, construyen comunidad, unen a las personas con un propósito y clarifican la misión. Las personas se sentirán fortalecidas y agradecidas de servir a Dios a través de la donación.

Las iglesias que practican la generosidad extravagante alientan a las personas a crecer en sus donaciones, a dar más ahora que en el pasado, y más en el futuro de lo que hacen hoy. Comparten historias verídicas de vidas que han cambiado para bien al practicar la generosidad. Además, invitan a las personas a dar testimonio de cómo la donación afecta sus vidas espirituales. Agradecen públicamente a Dios por la generosidad de las personas, y expresan su agradecimiento personal una y otra vez a quienes dan. Cultivan los corazones de su pueblo en el camino de Cristo.

Las congregaciones extravagantemente generosas enfatizan la misión, el propósito y los resultados que cambian la vida en lugar de concentrarse en la escasez, los presupuestos y la lealtad institucional. Estas congregaciones proporcionan una visión convincente que invita a las personas a dar con alegría, para encontrar así propósito, significado y satisfacción en la transformación de las vidas. Saben que Dios mueve a las personas a dar para encontrar un propósito y llevar a cabo prioridades para Cristo. Estas iglesias conectan las ofrendas con la misión, dan todo lo que pueden y siempre que pueden, y se destacan en la gracia de dar, como dice Pablo (2 Corintios 8:7).

- ¿Cuál es su opinión acerca de cómo su congregación enseña sobre las ofrendas en dinero?
- ¿Qué tipo de conversaciones que relacionan la fe y el dinero son más útiles para usted?

Reflexiones. Primera semana.

_____

_____

_____

_____

_____

_____

_____

_____

_____

_____

_____

_____

_____

SEGUNDA SEMANA

COMO SI FUERA LA PRIMERA VEZ

"He aprendido a hacer frente a cualquier situación,
lo mismo a estar satisfecho que a tener hambre,
a tener de sobra que a no tener nada".

— *Filipenses 4:12*

La práctica de la *generosidad* describe la disposición cristiana, no egoísta, de dar para lograr cambios positivos en los propósitos de Cristo. La *generosidad extravagante* describe prácticas de compartir y dar que exceden todas las expectativas y se extienden a situaciones inesperadas. Describe la generosa participación, sacrificio y entrega en servicio a Dios y a nuestro prójimo.

Charles Frazier, en su novela sobre la guerra civil estadounidense llamada *Cold Mountain* (La montaña fría), presenta a un personaje secundario, un violinista cuya vida cambia por un incidente que le hace mirar sus talentos musicales de una manera completamente nueva.

Es la historia de un violinista alcohólico que solamente sabía tocar seis canciones. Su unidad militar acampa cerca de una casa donde ocurre una explosión terrible. Una niña queda severamente quemada y está muriendo. El padre de la niña le pide al violinista que toque para su hija y así la ayude a pasar sus últimos momentos. El violinista entra en una cabaña oscura donde la joven sufre un dolor insoportable. Desde su lecho de muerte, ella le dice: "Toca algo para mí". Él toca una melodía. Ella le pide que toque más. El violinista toca lentamente las canciones que conoce, pero pronto agota su repertorio. La niña le pide más música mientras lucha contra el dolor. "No sé nada más", él comenta. "Qué triste", dice ella, "¿qué clase de violinista eres? Entonces, hazme una melodía". El músico se asombra ante una solicitud tan inesperada. Pero lo intenta. Pronto la niña fallece. El padre de la niña le agradece al violinista por haberla acompañado con su violín.

Después de este incidente, se produce una transformación en el músico. El autor escribe: "Una y otra vez durante la caminata de regreso al campamento, el violinista se detuvo y miró su violín como si fuera la primera vez que lo viera. Nunca antes había pensado en tratar de mejorar su forma de tocar, pero ahora reflexionaba que valía la pena hacerlo".[1] A partir de entonces, no se cansó de tratar de mejorar su forma de tocar. Hizo todo lo posible por aprender de los sonidos y métodos de otros músicos. "Desde ese día la música le vino cada vez más a la mente. Su interpretación musical se fue volviendo tan fácil como el respirar, con la absoluta convicción de que su vida tenía valor y un propósito que valía la pena reclamar".[2]

Imagine el impacto que este hombre tuvo en la vida de las personas y el significado que se agregó a su propia vida. Un violín ordinario y el simple don de la música, cuando se usan para propósitos superiores, se transforman en acciones sagradas. Cuando descubre el don que tenía, y el poder de ese don para influir positivamente en el mundo, el violinista se transforma. Su talento ordinario se volvió una hermosa fuente de alegría y significado.

Algo similar ocurre a través de la práctica de la generosidad extravagante. Dar provoca vida. Antes, nuestra donación pudo haber sido arbitraria, superficial, casual, un poco aquí, otro poco allá. Pero cuando descubrimos el gran efecto que produce la generosidad, cuando la ponemos al servicio de Dios y usamos nuestros recursos para aliviar el sufrimiento, fortalecer las comunidades y restablecer las relaciones, entonces buscamos dar de manera completamente diferente. Observamos nuestras donaciones y las vemos como si fuera la primera vez que diéramos. Queremos mejorar nuestra generosidad a cada paso hasta que sea tan fácil como respirar.

A través de nuestra generosidad, Dios puede llevar a cabo transformaciones extraordinarias. A través de nuestras donaciones, Dios cambia vidas, y al cambiarlas, nos transforma.

- ¿Cuándo fue el momento en que usted sintió que Dios transformó su vida al dar generosamente?
- ¿De qué maneras piensa usted mejorar su generosidad?

MUNDO DE AGUAS TURBULENTAS

"Despojémonos de todo... pecado... puestos los ojos en Jesús, el autor y consumador de la fe, el cual por el gozo puesto delante de él sufrió la cruz, menospreciando el oprobio, y se sentó a la diestra del trono de Dios"
— Hebreos 12:1-2

¿Alguna vez se ha preguntado por qué quienes practican deportes acuáticos de canotaje reman mientras sus embarcaciones bajan por la corriente de los ríos?

Como practico este deporte acuático, he pasado mucho tiempo en canoas y kayaks a lo largo de los años. He aprendido sobre las corrientes, los rápidos y las aguas turbulentas en América Central. Mientras estudiaba español en Costa Rica, mis hijos y yo tomamos un descanso de fin de semana y nos unimos a un viaje en balsa por el río Pacuare. Los rápidos del río, en ese momento, se catalogaron como nivel 3, pero el río estaba crecido y esa clasificación no coincidía con las mediciones analizadas en los Estados Unidos. Una vez que la balsa entró al río sentimos como si nos dirigiéramos a las Cataratas del Niágara. Una y otra vez, hora tras hora, fuimos arrojados de la balsa al agua y tuvimos que luchar por nuestras vidas en esas corrientes profundas y peligrosas. No deseo repetir esa experiencia muy pronto. La camiseta que mis hijos compraron después decía: "¡Remar o morir!"

La guía que nos acompañaba se sentó en la parte posterior de la balsa y nos daba instrucciones sobre qué lado remar y qué tan intensamente hacerlo. Durante un período de relativa calma, mientras el río nos impulsaba hacia la próxima trampa mortal, la guía nos dijo que remáramos suave pero constantemente. Mi hijo preguntó: "¿Por qué tenemos que remar cuando el río nos empuja río abajo de todos modos?" Sonrió y dijo: "La única forma en que tenemos control sobre la dirección en la que vamos es que nos movamos un poco más rápido que la corriente debajo de nosotros. Por lo tanto, tenemos que remar constantemente. De lo contrario, la corriente nos dejará sin control". Si queremos navegar con propósito y controlar nuestra dirección en lugar de ser víctimas de fuerzas más allá de nuestro control, debemos seguir remando. "¡Remar o morir!"

Vivimos en un mundo de aguas turbulentas. Todo se transforma tan rápidamente: los sistemas de comunicación, la composición de nuestras comunidades, los gustos y hábitos de las nuevas generaciones, las expectativas y los valores de las congregaciones, las exigencias competitivas de una sociedad secular que reclama la atención de nuestros corazones y nuestras mentes. Estos cambios también ocurren en nuestra vida personal y familiar: las diferentes fases por las que pasan los cónyuges en el matrimonio; las transiciones de nuestros hijos; las angustias y las esperanzas; las muertes y los nacimientos; las pérdidas y las ganancias; las rupturas y las reconciliaciones. Movimiento incesante. Nuestras vidas avanzan rápidamente sin detenerse.

La vida nos empuja, y a veces parece que no podemos hacer nada. Nos sentimos víctimas vulnerables e impotentes. Pero no podemos dejar de remar. No podemos dejar de aprender, crecer, cambiar, adaptarnos y dar lo mejor que tenemos. Es cuando analizamos los que nos ocurre, cuando oramos con fe de nuevo cada día, y cuando nos volvemos a comprometer para actuar siempre correctamente, que aceptamos la voluntad de Dios para nosotros. Así, con esta aceptación, podamos navegar por el mundo de aguas turbulentas. Es gracias a nuestros amigos, a familiarizarnos con las "aguas", y con la práctica constante de las disciplinas espirituales que nos mantienen conectados a Dios, que nos mantendremos fuertes y a flote. La vida requiere agilidad de espíritu, movernos hacia adelante, esfuerzo, visión y una aguda conciencia de las fuerzas que actúan a nuestro alrededor. Y estas actitudes debemos usarlas para los propósitos de Cristo en lugar de sentirnos abrumados por la vida.

¡Sigamos remando!

- ¿Cuáles son las presiones y corrientes en su mundo de aguas turbulentas?
- ¿Cómo aprende usted a adaptarse, crecer y cambiar espiritualmente para que las corrientes turbulentas no le abrumen o destruyan?

¿CÓMO MORA EL AMOR DE DIOS?

"Pero el que tiene bienes de este mundo y ve a su hermano tener necesidad y cierra contra él su corazón, ¿cómo mora el amor de Dios en él? Hijitos míos, no amemos de palabra ni de lengua, sino de hecho y en verdad. En esto conocemos que somos de la verdad, y aseguraremos nuestros corazones delante de él".
— 1 Juan 3:17-19

Una congregación de una comunidad pequeña, situada en el centro de la ciudad, tenía ocasionalmente personas sin hogar que llegaban a la iglesia para pedir folletos. A veces gente de la calle se encontraba durmiendo en los escalones de la entrada. El personal administrativo de la iglesia desarrolló reglas, pautas y políticas sobre cómo ayudar o dónde referir a quienes solicitaban ayuda. Se tomaron decisiones después de muchas discusiones sobre los pros y contras de dar dinero en efectivo, cupones y direcciones para enviar a esas personas a agencias sociales.

Una tarde, cuando salía de la iglesia, el pastor notó que el custodio de medio tiempo que trabajaba para la iglesia llevaba una bolsa de basura al cubo de basura en el callejón. Había una persona sin hogar, apenas consciente, tendida al lado del contenedor de basura. Cuando el custodio se acercó al basurero, dejó la bolsa de basura en el suelo, sacó su billetera y le dio a esa persona un poco de dinero. Sin que se lo pidieran, el custodio se acercó al indigente, le dio el dinero y le dijo algo. Luego continuó su trabajo y regresó a la iglesia. El pastor sintió asombro y humildad por esta muestra extraordinaria de generosidad. El custodio, que trabajaba sólo parte del tiempo y que ganaba mucho menos que el personal de la iglesia, daba generosamente sin ni siquiera esperar que alguien se lo pidiera. En cambio, el personal de la iglesia había pasado horas para organizar políticas y procedimientos.

El pastor le preguntó al custodio por qué le había dado dinero a esa persona y lo presionó sobre si pensaba que esa persona sin hogar podría malgastar el dinero en alcohol o drogas. "Siempre hago lo que puedo", respondió el conserje. "Doy un poco de dinero y digo: 'Dios los bendiga', porque me imagino que son hijos de una madre, de un padre, y les doy algo. Lo que hagan con el dinero, tienen que responder a Dios, no a mí. Yo respondo a Dios por lo que hago con el mío".

- ¿Alguna vez usted ha presenciado un acto extraordinario e inesperado de generosidad?
- ¿Cómo ha influido la generosidad de otra persona en su propia práctica de dar?
- ¿Quién aprende de su ejemplo de generosidad?

Jueves

TÍTULOS DE PROPIEDAD

*"Toda buena dádiva y todo don perfecto desciende
de lo alto, del Padre de las luces".*
— Santiago 1:17

O consideramos los bienes materiales que poseemos como propiedad de Dios, y los administramos para los propósitos de Dios, o los consideramos como propiedad nuestra. Si son propiedad de Dios, entonces nuestros diezmos y ofrendas representan que devolvemos a Dios lo que ya le pertenece. Lo que guardamos también le pertenece a Dios. Con esta consideración, no malgastamos el dinero ni lo derrochamos. Gastamos responsablemente, y manejamos los recursos de Dios tan cuidadosamente como podamos.

Pero si creemos que nuestros recursos materiales nos pertenecen y que los poseemos por completo, entonces podemos hacer lo que queramos con ellos. Desde esta perspectiva, nuestros diezmos y ofrendas que damos a Dios provienen de lo que nos pertenece. Y Dios debería estar agradecido por nuestra generosidad en lugar de sentirnos agradecidos por el privilegio de usar lo que le pertenece a Dios.

Piense en la posesión de la tierra. Supongamos que poseemos un título legal sobre un terreno. En la historia de la tierra,

¿nuestro pedazo de tierra realmente nos pertenece o somos administradores temporales? La tierra no comenzó ni terminará con nosotros. La tierra que afirmamos poseer ha existido durante millones de años, fue utilizada por otros humanos durante milenios antes que nosotros, y permanecerá por millones de años después de que ya no existamos. Para el orden de la vida civil, es práctico decir que somos dueños de la propiedad. Pero nuestra mortalidad asegura que sólo somos administradores temporales. Al morir, ¿qué pasará con las cosas que poseemos? ¿De quién serán? Vivimos y morimos, pero los propósitos de Dios son eternos. Con esa comprensión viene un profundo sentido de responsabilidad sobre cómo usamos la tierra. Disfrutemos, temporalmente, de lo que poseemos, pero hagámoslo con respeto, humildad y asombro, porque en última instancia todo le pertenece a Dios y no a nosotros.

Esta consideración se aplica a todos los elementos temporales de nuestras vidas: posesiones, riqueza, incluso cuerpos y mentes. ¿Qué perspectiva es más verdadera, más ética, más de acuerdo con la realidad? ¿Que todo nos pertenece y que podemos hacer lo que queramos? O, ¿que somos los beneficiarios temporales, y usamos lo que Dios nos ha confiado para los más altos propósitos? ¿Qué perspectiva fomenta mejor las decisiones que tomemos y profundiza un sentido espiritual de comunidad y responsabilidad? La sabiduría revelada en las Escrituras, y la tradición durante más de tres mil años, indica que quienes practican la mayordomía sienten más felicidad.

- ¿Cuál de estas dos perspectivas tiene usted?
- ¿Cómo esta perspectiva da forma a sus acciones? ¿A su donación?

MINISTERIOS ROBUSTOS

"Buscad primeramente el reino de Dios y su justicia,
y todas estas cosas os serán añadidas".
— Mateo 6:33

Es al darnos a nosotros mismos, como Dios se nos ha dado, que ayudamos al cuerpo de Cristo a florecer. Ofrecer nuestros recursos materiales a Dios es una actividad fundamental y tan crítica para la misión de la iglesia que el fracaso en llevarla a cabo de manera ejemplar conduce a la decadencia de la iglesia. Las iglesias que fomentan dar el diezmo proporcional entre sus miembros prosperan. Estas iglesias alcanzan grandes logros para Cristo, ofrecen un ministerio sólido y seguro, prosperan para los propósitos de Cristo, y producen un impacto positivo en la vida de las personas.

Cada santuario y capilla en la que hemos adorado, cada órgano de la iglesia que ha elevado e inspirado nuestro espíritu, cada banco donde nos hemos sentado, cada riel para la Comunión donde nos hemos arrodillado, cada himnario que hemos usado para cantar, cada grupo musical de alabanza que ha tocado nuestros corazones, cada aula de la iglesia donde nos hemos reunido con nuestros amigos, cada cocina de la iglesia que ha preparado nuestras comidas, cada camioneta de la iglesia que nos ha llevado al campamento, cada cabaña del campamento de la iglesia donde hemos dormido, son el fruto de la generosidad extravagante de algún donador.

Hemos sido receptores de innumerables gracias. Somos herederos y beneficiarios de quienes nos precedieron y que se conmovieron de tal manera por la generosidad de Cristo que dieron con gracia para que experimentemos la verdad de Cristo por nosotros mismos. Tenemos la misma responsabilidad para las generaciones venideras. Hemos adorado en santuarios que no construimos, por lo que nos corresponde el privilegio de construir santuarios donde nunca adoraremos.

Las personas que practican la generosidad extravagante oran para que sus congregaciones prosperen en el ministerio de Cristo para niños, jóvenes, adultos, miembros y personas que no conocen tanto cerca como lejos. Sirven a la iglesia al ofrecer lo mejor de sus esfuerzos. Motivan a la iglesia a ofrecer ministerios audaces y vitales que transformen el mundo, alivien el sufrimiento, profundicen la justicia, y promuevan el amor. Y dan con regularidad, generosidad, sacrificio, fidelidad y humildad.

La generosidad extravagante no se trata solamente de la necesidad de la iglesia de recibir, sino de la necesidad del cristiano de dar. La generosidad es una cualidad esencial de la madurez del creyente y el crecimiento espiritual. La práctica de la generosidad extravagante transforma las iglesias.

- ¿Cómo ha sido usted el destinatario de la generosidad extravagante de otra persona?
- ¿Ha recibido la generosidad extravagante de una congregación? ¿De Dios?

Todo lo que puedas

"Ya conocéis la gracia de nuestro Señor Jesucristo, que por amor a vosotros se hizo pobre siendo rico, para que vosotros con su pobreza fuerais enriquecidos".
— 2 Corintios 8:9

Donde el Espíritu de Dios está presente, la gente da. Juan Wesley, el fundador del metodismo, escribió:

Haz todo lo que puedas,
Por todos los medios que puedas,
De todas las formas que puedas,
En todos los lugares que puedas,
En todo momento que puedas,
A todas las personas que puedas,
Mientras puedas.

Juan Wesley enseñó mucho sobre el uso del dinero, el peligro de las riquezas y la importancia de dar. Para Wesley, todo lo creado le pertenece a Dios. Con esta perspectiva, el modo de ver el dinero cambia nuestra percepción de cómo lo ganamos, lo ahorramos, y lo que con él hacemos. Es decir, debemos usar el dinero de manera adecuada. Y también cambia la forma en que lo gastamos, ya que nos hace más responsables, y da forma a cómo damos dinero. Wesley valoraba el trabajo laborioso y productivo, pero creía que adquirir dinero no proporciona un propósito de vida lo suficientemente profundo como para sostener el espíritu humano. Cuando escribió: "Gane todo lo que pueda, ahorre todo lo que pueda y dé todo lo que pueda", estableció un vínculo inquebrantable entre la adquisición y la generosidad. Así nos invita a utilizar nuestras riquezas materiales para profundizar nuestra relación con Dios. También para aumentar nuestro impacto positivo al llevar a cabo los propósitos de Dios.

Ninguna historia de las Escrituras se refiere a personas que viven una vida espiritual relacionada con Dios mientras fomentan una actitud codiciosa, egocéntrica y egoísta. Conocer a Dios conlleva a la generosidad.

- ¿Cómo la generosidad y las donaciones cambian los valores que guían sus hábitos de ingresos, ahorro y gasto?
- ¿Cómo afecta su relación con Dios la manera como gana dinero? ¿Como lo invierte? ¿Como lo gasta? ¿Alguna vez ha cambiado usted la forma en que gana, invierte o gasta debido a su deseo de seguir a Cristo más auténticamente?

LO PRIMERO ES LO PRIMERO

*"Buscad primeramente el reino de Dios y su justicia,
y todas estas cosas os serán añadidas".*
— Mateo 6:33

Cuando se les pregunta cuánto dinero necesitarían ganar para ser felices, las personas de todos los ingresos siempre responden lo mismo. Si sólo pudieran ganar un veinte por ciento más de lo que ganan actualmente, finalmente llegarían a una felicidad satisfactoria. Las personas que ganan $10,000 sueñan con llegar a $12,000; los que ganan $100,000 creen que con únicamente $20,000 más por año serán felices; y las personas que ganan $500,000 creen que cuando ganen $100,000 más finalmente lo serán. Perseguimos un objetivo en retroceso. Esta manera de pensar es la receta perfecta para una infelicidad interminable. Nunca podemos poseer lo suficiente para saciar el apetito por más. La búsqueda sin descanso de estilos de vida "elevados", según la cultura de la mayoría, nos mantiene atrapados en una existencia superficial al tenernos capturados en el mundo material, descontentos con lo que poseemos y ciegos a las riquezas reales.

Cuando aceptamos irreflexivamente los mitos del dinero, sufrimos un descontento creado por nosotros mismos y fomentado culturalmente. Muchas personas de cuarenta años sienten que han fracasado porque no poseen millones; hay familias que compran casas con precios más allá de su capacidad de pago; la gente anhela lo que no puede poseer. Nos revolcamos en la abundancia mientras sufrimos de una auto-proclamada escasez. A pesar de que en los Estados Unidos vivimos en mejores casas, ganamos más dinero, manejamos autos más agradables, gastamos más en entretenimiento y disfrutamos de mayores comodidades que el noventa por ciento de la población mundial, o de lo que nosotros disfrutamos hace treinta años, nunca sentimos que tenemos suficiente.

Estamos rodeados de incentivos que nos hacen aguda y dolorosamente conscientes de lo que nos falta, más que de lo que tenemos. Sin creencias y prácticas intencionales que contrarresten las influencias de la cultura, nos sentimos descontentos sin importar cuánto tengamos.

Las donaciones extravagantes son un medio para poner a Dios primero, un método para declarar a Dios y a nosotros mismos cuál es el orden legítimo de nuestras prioridades. Cuando practicamos la generosidad, vivimos con una actitud más relajada acerca del dinero, sin sentir pánico y sin reaccionar a la defensiva. Tomamos posesión en lugar de ser poseídos. El dinero se convierte en un servidor más que en nuestro amo. Al motivarnos a dar, Dios no está tratando de quitarnos lo que tenemos. Al contrario, Dios busca darnos algo. Cada vez que gastamos dinero, hacemos una declaración sobre lo que valoramos. Todos los incentivos para gastar dinero (publicidad, expectativas sociales, tratar de impresionar a las personas) son intentos de dar forma a nuestros valores. Cuando no decidimos con conciencia clara lo que valoramos y, en consecuencia, seguimos nuestros hábitos de gasto sin organización, miles de otros incentivos y tentaciones se alistan para definir nuestros valores. Dar proporciona un desapego espiritualmente saludable de las influencias más dañinas de una sociedad materialista, una distancia emocional que de otro modo sería inalcanzable. Dar nos protege de los dolores de la codicia.

La práctica de la generosidad nos abre a reflexiones y conversaciones más profundas sobre la riqueza. La generosidad también se relaciona con nuestros objetivos de vida y la felicidad. Las donaciones serias nos llevan a preguntar: ¿Cuál es la definición de éxito en nuestra familia? ¿Cuán ricos esperamos ser nosotros, y qué tan ricos esperamos que nuestros hijos sean, y por qué? ¿Qué nos motiva económicamente como hogar y qué es lo más importante para nuestra felicidad? ¿Qué será de la riqueza que acumulemos?

¿Cuánto damos y por qué? ¿Qué logros y cambios impactantes queremos hacer en el mundo? ¿Cómo influye el dar en nuestra relación con Dios? ¿Qué significa para nosotros la generosidad extravagante? ¿Para Dios? Estas y otras preguntas solamente pueden hacerse con autenticidad cuando están respaldadas por la práctica de dar. Dar fomenta la intención de nuestras acciones.

- ¿Cómo habla su familia sobre el dinero y qué hace que la felicidad sea verdadera?
- ¿Cuán ricos usted espera que sean sus hijos? ¿Por qué?

Segunda semana. Reflexiones.

TERCERA SEMANA

EL JÚBILO DE DAR

"¿Qué pagaré a Jehová por todos sus beneficios
para conmigo?"
— Salmo 116:12

Las Escrituras están repletas de ejemplos y enseñanzas sobre posesiones, riqueza, donaciones, dones, generosidad, ofrendas, caridad y sacrificio. Como cristianos damos para servir a Dios, dador de todo don bueno, fuente de vida y amor.

Las enseñanzas de Jesús abundan en historias de ricos y pobres, generosos y astutos, dadores y tomadores, caritativos y egoístas, fieles y temerosos. Jesús elogia a la viuda pobre pues "de su pobreza echó todo el sustento que tenía" (Lucas 21:1-4). La historia señala que la proporción, en vez de la cantidad, es la medida de la generosidad extravagante.

El amor de Jesús por Zaqueo cambia tan radicalmente al recaudador de impuestos que entrega su riqueza a los pobres y a aquellos a quienes ha perjudicado. Dar sirve a la justicia y es fruto de la gracia transformadora de Cristo (Lucas 19:1-10).

La historia del buen samaritano destaca la generosidad extraordinaria. El samaritano no solamente cura las heridas del extranjero abandonado para morir en el camino, sino que lo lleva a una posada, paga por su cuidado y se compromete a proporcionar el bienestar a largo plazo de ese hombre a quien no conocía (Lucas 10:35). La generosidad del samaritano, como la compasión de Cristo, no conoce límites.

Y más allá de todas las enseñanzas y parábolas, los seguidores de Jesús vemos en su sacrificio y muerte la máxima revelación de Dios. La Escritura más memorizada del Nuevo Testamento expresa la naturaleza infinita del amor misericordioso de Dios en Cristo: "De tal manera amó Dios al mundo, que ha dado a su Hijo unigénito, para que todo aquel que en él cree no se pierda, sino que tenga vida eterna" (Juan 3:16).

En todos estos pasajes de las Escrituras: la viuda que da todo lo que tenía, la transformación de Zaqueo, el samaritano compasivo, y la entrega de Dios en Cristo, el dar es siempre *extravagante*, cambia la vida y se hace con alegría.

Dios usa nuestra práctica de dar para reconfigurar nuestra vida interior. Al dar, creamos un deseo interno diferente como elemento impulsor de la vida. Nuestras motivaciones cambian.

Las personas dan porque la generosidad les ayuda a llevar a cabo los propósitos de Dios en *sí mismas*. Al dar, fortalecemos las cualidades internas de la generosidad, un atributo espiritual que no se adquiere sin la práctica de dar. Se vuelve discernible únicamente a través del comportamiento visible y concreto. No podemos ser generosos y aferrarnos a todo lo que tenemos para nosotros sin dar de lo que poseemos. Lo opuesto a la generosidad es la avaricia y el egoísmo, cualidades que no conducen a la vida. Por eso al dar, cultivamos una naturaleza diferente dentro de nosotros mismos.

- ¿Cómo usa Dios sus dones que para que usted cambie?
- ¿Alguna vez se ha sentido guiado por Dios para aumentar su donación?

Martes

ALINEADOS CON LOS PROPÓSITOS DE DIOS

"Doy testimonio de que con agrado han dado conforme
a sus fuerzas, y aun más allá de sus fuerzas".
— 2 Corintios 8:3-4

En su carta a los corintios, Pablo elogia la generosidad de las comunidades de fe, especialmente aquellas que siguen siendo sorprendentemente extravagantes en sus donaciones en los momentos más difíciles. Al escribir sobre las iglesias de Macedonia, dice "porque, en las grandes tribulaciones con que han sido probadas, la abundancia de su gozo y su profunda pobreza abundaron en riquezas de su generosidad" (2 Corintios 8:2). La noción de que la mayordomía se centra correctamente en la necesidad del cristiano de dar en lugar de la necesidad de la iglesia de recibir es una verdad espiritualmente poderosa. La práctica del diezmo bendice y beneficia al donante tanto como fortalece la misión y el ministerio de la iglesia.

Es posible que nos preguntemos: ¿Nuestras donaciones logran un cambio realmente? ¿Qué tiene que ver nuestra generosidad con nuestra vida espiritual?

Una razón por la que muchas personas dan es simplemente porque aman su iglesia y quieren que prosperen los ministerios de su congregación que cambian la vida. Las mismas personas que dan se benefician de los ministerios de la iglesia y con su donación colaboraran para pagar las cuentas, los salarios, las instalaciones y los costos para que la iglesia pueda ofrecer alcance, ministerios para niños, adoración y misión. Apoyan la iglesia para que otras personas puedan recibir lo que han recibido. El fruto de esta donación es tangible y visible; es a la vez inmediato y a largo plazo. Las iglesias con miembros generosos ofrecen más ministerios, trabajan con mayor confianza, tienen menos conflictos e impactan las comunidades y el mundo con más fuerzas. La responsabilidad y la esperanza de la iglesia motivan al donante. Al dar generosamente, los miembros quieren que sus congregaciones prosperen.

Las personas también dan porque su contribución se alinea con los propósitos que Dios quiere que cumplan en el mundo. Ayudar a las personas, aliviar el sufrimiento, enseñar la vida espiritual, motivar a los jóvenes: cuando percibimos el llamado de Dios para lograr cambios en el mundo, podemos contribuir con nuestro tiempo o involucrarnos personal y diariamente en los diferentes ministerios. Otra forma de impactar y cambiar las situaciones es a través de donaciones, aportando a los recursos que hacen posible el trabajo que sentimos debemos apoyar. Le expresamos agradecimiento a Dios cuando llevamos a cabo con determinación y entusiasmo lo que Dios nos pide que hagamos.

- ¿Cómo usa Dios su generosidad para que usted ayude a la congregación a prosperar?
- ¿Cuál es el regalo más grande que usted ha hecho? ¿Qué le motivó? ¿Qué resultó de lo que usted dio? ¿Cómo resultó usted afectado?

¿CUÁNTO MÁS NECESITAMOS EN REALIDAD?

"Mirad, guardaos de toda avaricia, porque la vida del hombre no consiste en la abundancia de los bienes que posee".
— Lucas 12:15

Tolstoi, en "¿Cuánta tierra necesita un hombre?", escribe sobre un hombre llamado Pakhom, que cultiva la tierra que le dio su padre. Pero Pakhom quiere más tierra, por lo que ahorra y trabaja muy duro hasta que expande la superficie de su propiedad. Cuando lo logra, siente que ese tamaño no es suficiente. Pakhom se entera de otra región donde se puede comprar más tierra con menos dinero, por lo que vende su granja y traslada a su familia a través del país a esa extensión mucho mayor. Aun así, no está satisfecho. Finalmente, se entera de un lugar donde el rey de esa comarca hace una oferta extraordinaria. Si le da al rey todo su dinero, una persona puede tomar posesión de toda la tierra que pueda abarcar personalmente caminando en un solo día. Pakhom imagina qué tan lejos podría caminar en un día, y toda la tierra que podría poseer. Vende todas sus propiedades y le paga al rey a cambio de tener la oportunidad de caminar por los perímetros de la tierra que será suya.

Clava un estaca en el suelo, como referencia, antes del amanecer. Pakhom debe regresar a ese mismo lugar antes del atardecer, y toda la tierra que circule antes de ese momento será suya. Mientras amanece, corre a toda velocidad para cubrir tanto territorio como le fuera posible. Con el aumento de la temperatura durante el día, disminuye la velocidad y comienza a retroceder, pero ve pastos exuberantes que debe poseer, por lo que extiende su camino para incluirlos. A medida que el sol se pone más bajo, se da cuenta de que ha calculado mal el tiempo, y teme no poder volver a su lugar de partida a tiempo. Corre con toda su energía para llegar a la estaca antes del atardecer. Se esfuerza más allá del agotamiento. Se acerca a su destino con únicamente unos minutos para el final. Forzando su cuerpo peligrosamente más allá de su capacidad física para continuar, se derrumba y muere al llegar a la estaca.

¿Cuánta tierra necesita una persona? Tolstoi termina su cuento diciendo que "seis pies de la cabeza al talón" era todo lo que necesitaba.[3] Entonces, ¿por qué estamos tan descontentos con lo que tenemos?

Dar nos pone en una relación más saludable con nuestras posesiones y con el mundo material en el que vivimos. Nos gusta ganar dinero, pero también disfrutamos de otros aspectos de la existencia como el amor de nuestra familia; pertenecer a la comunidad; que nuestra vida tenga significado; que logremos nuestros ideales; que podamos contribuir y servir a nuestros semejantes. Disfrutamos contribuyendo de manera positiva en la vida de otras personas. Pero, ¿cómo mantenemos el equilibrio y la perspectiva? ¿Cómo podemos asegurar adecuadamente las necesidades básicas de alimentación, vivienda, educación y salud mientras también vivimos con el propósito de ayudar? ¿Cómo evitamos demasiada preocupación por las cosas que no nos satisfacen y cultivamos las cosas que sí lo hacen? La práctica intencional de la generosidad nos ayuda a mantener nuestras prioridades en orden.

Dar refleja la naturaleza de Dios. Damos porque estamos hechos a imagen de Dios, cuya naturaleza esencial es dar. Somos creados con esa naturaleza de Dios impresa en nuestras almas. Estamos preparados como seres sociales para mostrar compasión, estar conectados, y ofrecer amor y generosidad. La generosidad extravagante de Dios también es parte de nuestra naturaleza esencial. Sin embargo, nos sentimos ansiosos y temerosos por la influencia de una cultura que nos hace creer que nunca tenemos lo suficiente. Dios envió a Jesucristo para traernos de regreso a nosotros mismos, y de regreso a Dios. A medida que "Haya, pues, en vosotros este sentir que hubo también en Cristo Jesús" (Filipenses 2:5), nos volvemos libres.

Crecer en la gracia de dar es parte del peregrinaje cristiano de la fe, una respuesta que los discípulos cristianos, mujeres y hombres, ofrecen al llamado de Dios para lograr cambios positivos en el mundo. La generosidad amplía el alma, organiza nuestras prioridades, conecta a las personas con el cuerpo de Cristo, y fortalece las congregaciones para cumplir los ministerios de Cristo.

- ¿A veces siente usted que su vida consiste en la abundancia de sus posesiones?
- ¿Cómo puede la práctica la generosidad contrarrestar la codicia y comenzar a equilibrar las prioridades de su vida?

HE APRENDIDO A CONTENTARME

"No lo digo porque tenga escasez, pues he apren-dido a contentarme, cualquiera que sea mi situa-ción. Sé vivir humildemente y sé tener abundancia; ... Todo lo puedo en Cristo que me fortalece".
— Filipenses 4:11-13

La generosidad procede de una profunda y nueva orien-tación en nuestro pensamiento sobre cómo encontramos satisfacción en la vida. Pablo escribe: "He aprendido a con-tentarme con lo que tengo". Sin embargo, Pablo no era ni vago ni carente de iniciativa. Al contrario, era trabajador, compe-titivo y ambicioso para la obra de Dios. Pablo se dio cuenta de que nuestras actividades y nuestro apetito por tener más nos pueden seducir fácilmente. Creemos que la felicidad de-pende de las circunstancias externas y de las comodidades materiales, en lugar de cualidades espirituales internas: amor, paz, compasión, templanza, gentileza, vida de oración. Poseer una mayor riqueza no garantiza más satisfacción. Incluso con mucho dinero podemos sentir pánico, vacío, luchas internas y aislamiento. Al creer que tenemos necesidades, nuestro apetito se vuelve insaciable. Rodeados del agua de la abundancia, nos morimos de sed.

Romper el ciclo del descontento condicionado requiere el trabajo de un alma valiente. La vida abundante se deriva de las relaciones generativas, del apoyo mutuo, y del saber amar y ser amado. El aprender a contentarnos con lo que tenemos surge cuando buscamos lo que realmente nos satisface.

El estar contento con uno mismo proviene de la integridad personal, de una vida alineada con altos valores, de la profundidad espiritual y metal, y del crecimiento en gracia y paz. Estos atributos espirituales nos liberan de la agitación, de afanes inútiles y de sensación de insatisfacción continua. Basados en estos conceptos, podemos valorar muchas de las cosas que nuestra cultura nos induce a buscar, pero sin la intensidad dañina y destructiva por adquirirlas. Aunque queramos mejorar nuestras condiciones y nuestra posición, no tenemos que aceptamos estos objetivos con las inseguridades que nos intimidan y que la sociedad nos quiere hacer creer.

En primer lugar, el aprender a contentarse se forma en nosotros por la práctica de la generosidad. Aprender a contentarse es aprender a ser feliz con lo que tenemos en lugar de sentirnos angustiados por lo que nos falta. Al regalar voluntariamente parte de nuestra riqueza y ganancias, estamos diciendo: "Puedo gastar todo esto en mí mismo, pero elijo no hacerlo". En ese simple acto, repetido y profundizado con frecuencia y con la debida intención, rompemos los lazos autodestructivos de la acumulación de objetos.

En segundo lugar, el aprender a contentarse resulta de un profundo y cultivado sentido de gratitud. Las personas generosas se sienten agradecidas. Dan gracias en todo, y su agradecimiento agudiza su conciencia de las fuentes más profundas de felicidad. Estas personas tienen la conciencia espiritual de que Dios ya nos ha proporcionado todo lo que necesitamos para florecer. Todo es gracia sobre gracia.

Finalmente, la satisfacción proviene del trabajo espiritual interior y persistente y la ayuda que nos ofrece el Espíritu Santo para desarrollar los hábitos personales que nos impiden entregar nuestro sentido de bienestar, identidad y propósito a objetivos materialistas. Vivir fructíferamente no es sólo una cuestión de tener algo para vivir, sino una actitud que nos motiva a vivir. Propósito, conexión, amor, servicio, amistad, familia, generosidad: estos elementos sí nos proporcionan la verdadera satisfacción.

- ¿Qué le hace sentir contento o contenta? ¿Cómo evitamos adquisiciones autodestructivas?
- ¿Qué hábitos personales nos ayudan a mantenernos enraizados en Cristo?

Viernes

UNA VIDA RELACIONADA CON DIOS

"Más fácil es pasar un camello por el ojo de una aguja, que entrar un rico en el reino de Dios".
— *Marcos 10:25*

No podemos "comprar" nuestro camino hacia una relación más cercana con Dios; si el dar nos ayuda en nuestra relación con Dios o no, depende de nuestra actitud interior. Sin embargo, un apetito desenfrenado por la riqueza o aferrarse demasiado a lo que poseemos puede detenernos y causar parálisis para seguir a Cristo.

Las Escrituras nos recuerdan que "raíz de todos los males es el amor al dinero" (1 Timoteo 6:10), y "más fácil es pasar un camello por el ojo de una aguja, que entrar un rico en el reino de Dios" (Marcos 10:25). El joven rico no puede renunciar a su riqueza, por lo que pierde la vida con Cristo (Lucas 18:18-25); el granjero construye graneros más grandes para almacenar sus posesiones mientras evita las prioridades eternas y pierde su alma (12:16-21); el hombre rico ignora los sufrimientos de Lázaro y se encuentra separado de Dios (16:19-31); el sirviente entierra sus talentos en lugar de usarlos para su amo y recibe la condena (19:12-26); y Ananías y Safira perecen por su deseo de quedarse con el dinero (Hechos 5:1-10).

El apego al dinero, la codicia y el hambre de riqueza obstruyen el camino hacia Dios y hacia la vida que Dios quiere que disfrutemos. Cuando el deseo incontrolado de riquezas materiales ocupa el alma, queda poco espacio para Dios. Al igual que el asistente de Pablo, Demas, si nos enamoramos demasiado del mundo material, abandonamos la misión de Jesús (2 Timoteo 4:10). La avaricia impide el crecimiento en Cristo.

Por otro lado, al dar generosamente, nuestras creencias y la confianza en Dios se elevan a una forma tangible. Nos convertimos en hacedores de la Palabra y no solamente en oyentes. Dar hace que seguir a Dios sea una acción real. Podemos vivir una vida relacionada con Dios o podemos vivir sin prestar atención a la presencia y voluntad de Dios. La vida relacionada con Dios significa que nuestra relación con Dios influye en todo lo que hacemos. Cuando buscamos obedecer a Dios, incluso en el dar, nuestra práctica de dar intensifica nuestro amor por todo lo que Dios ama. Por lo tanto, las posesiones materiales que pueden servir como distracción o impedimento para seguir a Cristo se convierten en un instrumento para nuestro servicio a Cristo. Así como nuestros bienes materiales, consagrados a Dios, alimentan nuestro deseo de servir a Dios, así también la generosidad que mostremos nutre nuestro amor por Dios.

- ¿Cómo afecta la práctica de la generosidad su relación con Dios?
- En términos de riqueza y generosidad, ¿qué significa para usted vivir una "vida relacionada con Dios"?

DIEZMAR ES UNA ELECCIÓN DE VIDA

*"Probadme ahora en esto, dice Jehová de los
ejércitos, a ver si no os abro las ventanas de los
cielos y derramo sobre vosotros bendición
hasta que sobreabunde".*
— *Malaquías 3:10*

La práctica del diezmo nos proporciona una forma concreta de tomar las palabras "Dios es el Señor de mi vida" y ponerlas en práctica. Nuestro compromiso se vuelve tangible; nuestra donación se convierte en una forma de poner a Dios en primer lugar en nuestra vida. El dar se transforma en una señal externa de nuestra alineación espiritual interna.

El diezmo proporciona una línea de base coherente y universal, un modelo teológico y una acción fiel a la Biblia. Es lo suficientemente pequeño como para permitir a las personas de casi cualquier ingreso cumplir sin imponer grandes dificultades. Sin embargo, el diezmo es lo suficientemente grande como para estirar nuestro presupuesto y hacer que organicemos las prioridades que reconfiguran espiritualmente nuestros valores.

El diezmo nos desafía a preguntarnos: ¿Es generoso dar? O, ¿simplemente es conveniente? ¿Doy por razones prácticas para ayudar a la iglesia o por razones espirituales para nutrir mi espíritu?

La práctica del diezmo no se trata simplemente de lo que Dios quiere que hagamos, sino del tipo de persona que Dios quiere que seamos. ¿Las donaciones que practico ahora me ayudan a desarrollar un corazón como el de Cristo?

Diezmar por sí solo no es suficiente para satisfacer completamente lo que el don y el pedido de la gracia de Dios requiere de nosotros. Las voces de los profetas hacen sonar la advertencia de que las personas no pueden esperar que únicamente con sacrificios materiales agradan a Dios. El reino de Dios requiere justicia, rectitud y fidelidad (Amós 5:21-24; Miqueas 6:8). El pueblo de Dios debe practicar la justicia y la compasión sin descuidar el diezmo (Mateo 23:23-24).

Diezmar requiere oración honesta. ¿Qué quiere Dios que yo haga? ¿A qué cosas quiere Dios que yo renuncie para diezmar? La práctica nos hace adaptar nuestros comportamientos a la voluntad de Dios. Nadie diezma accidentalmente. La generosidad extravagante requiere un trabajo centrado en el alma, una profunda convicción, un espíritu maduro, aprendizaje, práctica e intencionalidad extraordinaria. El diezmo no es simplemente una decisión financiera; es una elección de vida que reorganiza todos los elementos espirituales de nuestra vida interior. Al hacerlo, el diezmo nos bendice.

- ¿Ha practicado usted el diezmo, ofreciendo regularmente el diez por ciento de los ingresos a Dios? Si no, ¿qué le impide hacerlo? ¿Desea hacerlo? ¿Cómo cree que afectaría su vida espiritual?

PRACTICAR LA GENEROSIDAD

"...para que seáis ricos en todo para toda
generosidad, la cual produce, por medio de
nosotros, acción de gracias a Dios".
— 2 Corintios 9:11

La práctica de la generosidad extravagante nos motiva a ofrecer lo máximo y más elevado a Dios en lugar de dar de una manera informal, no planificada, minimalista, mediocre o mecánica. *Extravagante* no se relaciona con una manera de dar que resulta de ser obediente, o porque es un requisito, algo pesado, obligatorio o simplemente porque tenemos que hacerlo. *Extravagante* denota un estilo y una actitud de dar que es con inmensa alegría, sin límites predeterminados, con todo el corazón.

Las personas que practican la generosidad extravagante cambian sus vidas para ser más generosas. Se vuelven ricas en dar. No esperan a que se les pida dar. Cuando ven una necesidad, dan un paso adelante para satisfacerla, y ofrecen sus recursos como un medio de ayuda. Miran los momentos financieros difíciles a través de los ojos de la fe y no del miedo. Persisten en hacer el bien. Dan en todas las estaciones.

A estas personas les gusta dar. Oran a Dios, esperan y sueñan con el bien que logran a través de sus dones. Consagran su entrega a Dios. Se deleitan en la generosidad. Dan sin esperar nada a cambio.

Las personas que practican la generosidad extravagante aprenden a disfrutar de lo material sin el deseo de posesión, a moderar su deseo de adquisición y a encontrar satisfacción en los aspectos y actividades más simples que ofrece la vida. Evitan la deuda personal tanto como sea posible. Estas personas ahorran. No buscan satisfacer sus deseos de manera excesiva y no desperdician. Sus posesiones no gobiernan sus vidas. Aspiran, como Pablo, a conocer el secreto de sentir alegría y gratitud con lo que tienen. Dan gracias en todas las circunstancias. Para estas personas el amor es un don y la vida es gracia.

Quienes practican la generosidad extravagante transforman vidas. Sus donaciones no tienen límites. Sus riquezas son para Dios.

- ¿Qué obstáculos le impiden a usted dar de manera extravagante? ¿Cómo le cambiaría la práctica de una mayor generosidad?
- ¿Cuándo fue el momento en que usted sintió que el Espíritu de Dios lo movía a dar recursos más allá de lo que había practicado anteriormente? ¿Cómo influye su donación a Dios en otros aspectos de su vida?

Tercera semana. Reflexiones.

CUARTA SEMANA

SIEMPRE ENCONTRAREMOS UNA MANERA

"Y vino una viuda pobre y echó dos blancas...
Entonces, [Jesús] llamando a sus discípulos, les dijo:...
'todos han echado de lo que les sobra, pero ésta, de su
pobreza echó todo lo que tenía, todo su sustento'".
— ***Marcos 12:42-44***

Por cientos de generaciones, la práctica del diezmo ha tenido un crecimiento sostenido en la generosidad personal. Diezmar significa dar una décima parte e implica devolver a Dios el diez por ciento de los ingresos. Es simple, conciso y consistente. Anote la cantidad de sus ingresos del mes, mueva el punto decimal una cifra a la izquierda y escriba un cheque a la iglesia por esa cantidad. Haga esto primero que todo cuando le paguen. Verá que la práctica de diezmar reduce su apetito, modifica sus prioridades y reajusta todos los demás gastos, necesidades y ahorros. ¿Qué podría ser más fácil?

Un amigo me dijo que la primera vez que escribió un cheque de diezmo, ¡sintió como si se hubiera tragado una semilla enorme de aguacate! Para la mayoría de las personas, el diezmo no es fácil. Se necesita tiempo para aprender y adaptarse y crecer en la práctica de diezmar.

Algunas personas perciben que el diezmo no es más que un sobrante de una teología basada en la ley del Antiguo

Testamento. Piensan que es una regla arbitraria con poca relevancia hoy.

Y, sin embargo, Jesús elogió la práctica, incluso entre los fariseos a los que criticaba por hacer alarde de su justicia y virtud. La iglesia primitiva practicaba el diezmo, y también lo han hecho los cristianos en cada generación desde entonces. Juan Wesley diezmó y esperaba que los primeros metodistas dieran con regularidad y generosamente en cada reunión de clase y servicio de capilla. Wesley registró las donaciones meticulosamente con la intención de que las personas se sintieran responsables en la práctica de dar.

Las personas a quienes admiramos y respetamos por sus espíritus generosos, su sabiduría espiritual y su profunda sensibilidad invariablemente han practicado el dar de una manera tan extravagante que las ha trasformado. Dios ha usado sus patrones de donación a largo plazo para formar en estos hombres y estas mujeres las cualidades espirituales que los hacen ser nuestros mentores. Dan de manera extravagante según sus recursos económicos, y muchos más allá de sus recursos, y la mayoría practica o excede el diezmo.

Nombre a algún individuo que usted admire o respete por todo lo que *guarda* de manera egoísta para sí mismo. Nombre a alguien que usted considere generoso y espiritualmente maduro que se queja constantemente porque tiene que dar, o que siempre busca dar la menor cantidad requerida. La grandeza del espíritu lleva a un afán de dar lo máximo y más alto.

A pesar de los desafíos externos, las luchas internas, y la naturaleza contracultural de la generosidad, cuando tenemos el deseo de dar, siempre encontraremos una manera para dar. Las dos monedas dadas por la viuda pobre para el tesoro del templo, que Jesús menciona y que quedaron para siempre como modelo de generosidad extravagante, nos recuerdan si queremos hacer algo, siempre hay un camino. Dar nos ayuda a convertirnos en la persona que Dios quiere que seamos.

- ¿Qué tipo de persona quiere usted ser en los próximos diez años? ¿Qué tipo de persona usted cree que Dios desea que usted sea?
- ¿Cómo le llevan sus prácticas y actividades en este momento para vivir como el Señor quiere que usted sea? ¿Cómo le ayuda su generosidad a convertirte en quien Dios quiere que usted sea?

ENSEÑAR A DIEZMAR

"Indefectiblemente diezmarás todo el producto del grano que rinda tu campo cada año".
— Deuteronomio 14:22

El diezmo ayuda a los seguidores de Jesús a comprender que todas las cosas le pertenecen a Dios. Durante sus días en la tierra, los seguidores de Cristo somos como administradores de la creación para usar todo lo que tenemos y todo lo que somos para la gloria de Dios. Lo que los cristianos ganan pertenece a Dios, y deben ganarlo honestamente y de manera que sirva para propósitos consistentes con ser seguidores de Cristo. Lo que los cristianos *gastan* pertenece a Dios, y deben usarlo sabiamente, no tontamente, en cosas que mejoren la vida, y no la disminuyan. Lo que ahorran le pertenece a Dios, y deben invertir en formas que fortalezcan a la sociedad. Lo que los cristianos dan pertenece a Dios, y necesitan dar generosamente, extravagantemente y concienzudamente de manera que fortalezcan el cuerpo de Cristo y sirvan para llevar a cabo la misión de Cristo.

Hace ciento cincuenta años, si nuestros abuelos eran activos en la fe, diezmaban. ¿Por qué pudieron diezmar hace ciento cincuenta años, pero hoy tenemos problemas para hacerlo? ¿Porque eran mucho más ricos que nosotros? ¡La verdad es precisamente lo contrario! Luchamos con el diezmo porque nuestros corazones y mentes están más poderosamente atados a nuestra riqueza. Nos resulta más difícil dar de forma extravagante porque los valores de nuestra sociedad moldean nuestras percepciones más que los valores de nuestra fe.

Aquellos que son nuevos en la fe pueden encontrar la práctica del diezmo extremadamente desafiante. Dé un paso a la vez y crezca en el diezmo con el paso del tiempo. Si vive con una deuda abrumadora y opresora, primero haga cambios en sus gastos y estilo de vida para obtener libertad financiera de esa deuda excesiva. Cuando usted pueda volver a respirar al reducir o eliminar la deuda, comience a dar proporcionalmente para crecer en esa gracia hasta alcanzar el diezmo.

Por otro lado, a quienes han estado activos en la fe durante veinte, treinta o cuarenta años; y asisten a la adoración fielmente; y estudian las Escrituras en las clase de la iglesias; y se sienten sostenidos por la comunión de la iglesia; y se ofrecen a servir a otros en el nombre de Cristo, pero que no diezman, les digo: los reto a pensar seriamente y en oración sobre por qué tienen esa actitud. ¿Por qué las otras prácticas de fe son relevantes y útiles para ustedes, pero la disciplina del diezmo no lo es? ¿Es evitar el diezmo el fruto de nuestra fidelidad al consumismo? ¿Es el no diezmar el resultado de nuestra sumisión a los valores de una cultura consumista?

Practiquemos el diezmo. Enseñemos a nuestras hijas y a nuestros hijos a gastar sabiamente, a ahorrar constantemente, y a dar generosamente. Esforcémonos para que las nuevas generaciones aprendan de sus padres y abuelos a ser generosos y no codiciosos ni mezquinos, a ser generosos y no autocomplacientes, a ser caritativos y no absortos en sí mismos. La generosidad extravagante cambia la vida y el espíritu de quien da.

- ¿Cómo supo por primera vez sobre el diezmo? ¿Ha visto a otras personas practicar el diezmo? ¿Cómo da forma a sus vidas?
- ¿Diezma usted? Si es así, ¿por qué? Si no, ¿por qué no? ¿Qué le hace resistirse a crecer en generosidad?
- ¿Cómo se debe enseñar a diezmar y ser modelo de la generosidad para la próxima generación?

A TRAVÉS DE LOS OJOS DE DIOS

"No os conforméis a este mundo, sino transformaos
por medio de la renovación de vuestro
entendimiento, para que comprobéis cuál es la
buena voluntad de Dios, agradable y perfecta".
— Romanos 12:1-2

Las congregaciones vibrantes, fructíferas y en crecimiento prosperan gracias al intercambio extraordinario, el sacrificio voluntario y la entrega alegre de sus miembros por amor a Dios y al prójimo. Dichas iglesias enseñan y practican la donación que se enfoca en la abundancia de la gracia de Dios y que enfatiza la necesidad de los cristianos (mujeres y hombres) de dar en lugar de enfocarse en las necesidades económicas que tiene la iglesia. En el espíritu y estilo de Cristo, las congregaciones que practican la generosidad extravagante hablan explícitamente sobre el lugar que ocupa el dinero en el camino de la fe cristiana. Ven la donación como un regalo de Dios y se sienten impulsadas a ser congregaciones generosas con un alto sentido de misión y gran deseo de agradar a Dios al impactar en forma positiva al mundo.

La noción de que dar correctamente se centra en nuestra necesidad de dar en lugar de la necesidad de la iglesia de recibir el dinero es una verdad espiritualmente poderosa y no simplemente una estrategia económica. La práctica del diezmo beneficia al dador y, al mismo tiempo, fortalece la misión y el ministerio de la iglesia.

Los estadounidenses vivimos en una sociedad extraordinariamente materialista y consumista. Estamos inmersos en una cultura que alienta a la adquisición, el apetito por tener más, y que todo sea más grande. Además, fomenta el mito de que la valoración personal radica en la riqueza material y que la felicidad viene de nuestras posesiones. Personas jóvenes se sienten fracasadas porque no tienen el tipo de casa que poseen sus padres. Los matrimonios luchan bajo niveles opresivos de deuda que ponen en fuertes tensiones la relación, destruyen la felicidad e intensifican los conflictos y la ansiedad. Como dice un presentador de un programa de radio: "Compramos cosas que ni siquiera necesitamos con dinero que ni siquiera tenemos para impresionar a personas que ni siquiera conocemos" (*The Dave Ramsey Show*).

En el fondo, estas actitudes son problemas espirituales, no meramente dificultades con la planificación financiera. Revelan sistemas de creencias que son espiritualmente corrosivos y que conducen al descontento continuo, al desánimo y a la infelicidad. Jamás podemos ganar lo suficiente para ser felices cuando creemos que la satisfacción, la autodefinición y el significado de nuestras vidas se derivan de nuestras posesiones. Y nunca podemos confiar en nuestro sentido de autoestima cuando nos enfocamos en "tesoros" que son materiales y temporales. Una manera de pensar que se basa principalmente en el materialismo, la adquisición y las posesiones no nos motiva ni a vivir mejor ni a morir por una causa noble. En algún momento, los seguidores de Jesús deben decidir si escucharán la sabiduría del mundo o la sabiduría de Dios.

- ¿Cómo le ayuda a usted el vivir generosamente para ver el mundo a través de los ojos de Dios?
- ¿Cómo se configura su propia manera de pensar con respecto al materialismo, la adquisición y el deseo de poseer más? ¿Cómo siente la transformación por la sabiduría de Dios? ¿Cómo resuelve usted las tensiones?

LA VIDA QUE NO SIRVE
Y LA NUEVA VIDA

"No mintáis los unos a los otros, habiéndoos despojado del viejo hombre con sus hechos... Vestíos, pues, como escogidos de Dios, santos y amados, de entrañable misericordia, de bondad, de humildad, de mansedumbre, de paciencia... Sobre todo, vestíos de amor, que es el vínculo perfecto".
— *Colosenses 3:9, 12, 14*

Vides, ramas, tiempo de siembra, cosecha, suelos, viñedos, árboles, frutas: en la Biblia abundan historias con la idea de que Dios espera que usemos lo que hemos recibido para cambiar positivamente al mundo que nos rodea. La abundancia, o la carencia, de los frutos en nuestras iglesias indica el impacto de nuestro trabajo para los propósitos de Dios.

Sin embargo, como sabe cualquier jardinero, las historias bíblicas de plantas, semillas, crecimiento, vides y ramas no están completas sin la idea de la poda. Algunas ramas deben irse. Algunos ministerios ya no son fructíferos y algunos programas sirvieron, pero ya no son relevantes ni efectivos. La abundancia en los frutos o su ausencia nos recuerda que debemos preguntarnos: "¿Nuestros ministerios realmente cambian vidas y transforman el mundo?"

Peter Drucker —experto en organizaciones, quien centró gran parte de su energía profesional en iglesias y organizaciones sin fines de lucro en los últimos años de su carrera— ofrece el concepto del *abandono planificado* como una de sus principales enseñanzas para los líderes de la iglesia. El abandono planificado es cerrar intencionalmente el trabajo que ya no contribuye a la misión.

Según Drucker, el propósito de cualquier organización sin fines de lucro es cambiar la vida. Si trabajamos y ofrecemos ministerios que ya no moldean vidas de manera significativa, tal vez es mejor dejar de hacerlo. A medida que iniciamos nuevos ministerios, creamos proyectos misioneros más efectivos y planificamos cómo llegar mejor a las personas, ¿hay otros servicios, actividades y ministerios de alcance que debemos reducir? ¿Cómo enfocamos nuestro tiempo, energía y recursos financieros hacia los ministerios que más ayudan a cumplir nuestra misión? Estas son preguntas difíciles, pero son parte de la mayordomía. Jesús dice: "Además, el hacha ya está puesta a la raíz de los árboles; por tanto, todo árbol que no da buen fruto se corta y se echa al fuego" (Lucas 3:9). Si ya no da frutos para el reino, dejemos de hacer lo que hacíamos.

Las nociones de abundancia en los frutos y la poda de árboles también se aplican a nuestras actitudes y comportamientos. Para nutrir los frutos del Espíritu: "amor, gozo, paz, paciencia, benignidad, bondad, fe, mansedumbre, templanza", debemos abandonar la enemistad, la ira, las disensiones y otras "obras de la carne" (Gálatas 5:19-23).

Si deseamos ser más generosos, como Dios quiere que seamos, tendremos que tomar decisiones prácticas que nos obliguen a dejar atrás comportamientos que no nos ayudan a producir frutos. Dar más a Dios puede significar priorizar y gastar menos en objetos que no apoyan la vida ni nos edifican. Es posible que tengamos que reducir gastos y cambiar hábitos de consumo para fomentar una mayor generosidad.

Nadie diezma accidentalmente. Al final del mes, a nadie le queda suficiente dinero para ser realmente generoso. La generosidad extravagante requiere intencionalidad. El diezmo resulta de un compromiso profundo, pero también de una planificación cuidadosa. Lo hacemos de buena gana y voluntariamente, o nunca lo hacemos en absoluto. Tenemos que pensar, orar, hablar y planificar cómo vamos a dar. Es una decisión importante que involucra a todos en el hogar. Requiere que cambiemos y que comencemos a buscar las prioridades de Dios y no las nuestras.

El apóstol Pablo usa otra imagen además de la fecundidad y la poda para describir el cambio que Dios obra dentro de nosotros por el Espíritu Santo cuando seguimos a Cristo. Escribe que la nueva vida en Cristo es como deshacerse de la ropa vieja que no le queda bien y ponerse ropa nueva que Dios nos ha elegido (ver la cita bíblica en la página 80). Además, en Efesios 4:23-24, Pablo escribe: "Renovaos en el espíritu de vuestra mente, y vestíos del nuevo hombre, creado según Dios en la justicia y santidad de la verdad".

- ¿Qué actitudes, comportamientos y valores va usted a necesitar que podar en su vida para vivir más fructíferamente en Cristo?
- ¿Cuánta planificación, oración e intencionalidad pone usted en sus decisiones para dar? ¿Qué cambios internos y de comportamientos necesita usted para dar con más generosidad?

Viernes

COMO SI FUERA DE MI FAMILIA

"...para que seáis ricos en todo para toda
generosidad, la cual produce, por medio de
nosotros, acción de gracias a Dios...."
— *2 Corintios 9:11*

Un miembro de una iglesia de toda la vida, y abuelo orgulloso, estaba de pie al lado la pila bautismal con su familia para el bautizo de su nieta. Otro bebé de otra familia que era nueva en la congregación fue bautizado en el mismo servicio. Después del servicio, las dos familias se reunieron frente de la iglesia mientras se turnaban para tomar fotos. De pronto, la madre de la nueva familia necesitaba sacar algunas cosas de su bolso, y este abuelo se ofreció a cargar a su bebé por un momento. Otros miembros de la iglesia comentaron sobre el abuelo con el bebé; y se encontró diciendo varias veces: "Oh, éste no es mío; sólo lo sostengo por un minuto".

El lunes por la mañana, el abuelo visitó al pastor en la oficina de la iglesia y le dijo: "Quiero cambiar mi testamento para incluir a la iglesia, y deseo hablar con usted sobre cómo voy a hacerlo". El pastor estaba atónito y no pudo evitar preguntar sobre lo que llevó al abuelo a tomar esta decisión. Los ojos del hombre mayor se humedecieron cuando dijo: "Ayer me di cuenta de algo al cargar en mis brazos a ese otro bebé.

Mientras le decía a la gente que el bebé no era de mi familia, vino a mi mente el pensamiento que sí era parte de mi familia, parte de la familia de mi iglesia. He sido miembro de esta iglesia durante más de cuarenta años y, a los ojos de Dios, soy abuelo de muchas más personas que los nietos en mi familia. Mi testamento estipula dinero para los miembros de mi familia. Sin embargo, también incluirá dinero para las niñas y los niños de la iglesia. Así que voy a dividir mi patrimonio para dejar una parte a la congregación como si la iglesia fuera uno de mis hijos".

Quienes practican la generosidad extravagante tienen una visión de la generosidad y una fe dada por Dios para plantar semillas de las que surgirán árboles cuya sombra nunca verán.

- ¿Cómo prepara usted un camino más fácil para quienes le han precedido en su familia, comunidad e iglesia a través de su generosidad?
- ¿Cómo ha facilitado el camino para aquellos que seguirán en la fe a través de tu generosidad?

CONGREGACIONES GENEROSAS

*"...ni estimo preciosa mi vida para mí mismo, con
tal que acabe mi carrera con gozo, y el ministerio
que recibí del Señor Jesús, para dar testimonio del
evangelio de la gracia de Dios".*
— Hechos 20:24

Las iglesias que cultivan la generosidad extravagante ofrecen oportunidades de campañas anuales para comprometerse a donar fondos. Estas campañas son de la más alta calidad, accesibles a todos los miembros, se preparan con excelencia y promueven la participación activa de las personas laicas. Mientras los pastores y las pastoras proporcionan liderazgo a través de la predicación, la enseñanza y el ejemplo, las congregaciones dependen en gran medida del testimonio de los laicos, hombres y mujeres, quienes muestran su generosidad extravagante a través de testimonios, sermones, charlas de liderazgo, meditaciones en boletines, y devocionales en el sitio web de la iglesia. Invitan a ser parte del liderazgo de la iglesia a las personas que hablan con integridad como resultado de su propio crecimiento personal en la práctica de dar, e incluyen en esta invitación a personas de diversas edades, con ingresos diferentes y con trasfondos educativos en todo campo.

Las congregaciones vibrantes, fructíferas y en crecimiento se concentran en dar durante la temporada de esas campañas anuales de compromiso para dar, pero también enfatizan la generosidad durante todo el año en la predicación, los estudios bíblicos y las clases. Los líderes hablan sobre cómo nuestra relación con Dios afecta nuestra percepción del dinero y cómo nuestra relación con el dinero da forma a nuestra relación con Dios. Enseñan sobre el lugar donde debemos poner nuestros conceptos de riqueza, adquisiciones, materialismo, egoísmo, generosidad y entrega. No evitan las campañas de fondos de capital cuando sirven a la misión de la iglesia, y entran en proyectos importantes con excelencia, preparación profesional y comunicación clara y sobresaliente. Regularmente ofrecen a los miembros la oportunidad de apoyar llamamientos especiales y nuevos proyectos, pues saben que dar estimula dar; y han aprendido que cuando las donaciones especiales se alinean con los propósitos de Cristo, aumenta el apoyo al presupuesto general en lugar de disminuirlo. Alientan con amabilidad las contribuciones caritativas y las donaciones filantrópicas de sus miembros a agencias de servicios y a causas médicas, de mediación y de asuntos culturales que pueden propiciar cambios importantes en la vida de las personas.

Tales iglesias, más que alentar, enseñar y apoyar la generosidad *personal*, practican la generosidad extraordinaria. Como *congregación*, demuestran un apoyo ejemplar para proyectos especiales, misiones en la comunidad y en todo el mundo, y ministerios confesionales conexionales. Toman la iniciativa para responder a desastres y emergencias inesperadas. Los pastores y líderes laicos, tanto mujeres como hombres, ven "el dar más allá de nuestras limitaciones" una actitud indispensable para el discipulado cristiano y para la misión y vitalidad de la congregación. Buscan más y mejores oportunidades para impactar de manera positiva la vida de las personas. Desarrollan asociaciones misioneras y agencias de apoyo que ayudan a las personas más necesitadas. Financian equipos misioneros, becas, proyectos de servicio, nuevos comienzos de iglesias y otros ministerios que transforman vidas. Hacen que la misión de la iglesia sea real, tangible y significativa. Su reputación de generosidad da testimonio de su amor por Cristo.

Las iglesias que crecen dando saben que la generosidad aumenta con la participación de la comunidad en el ministerio. Así, las iglesias trabajan para profundizar los ministerios de adoración, y de aprendizaje en grupos pequeños y en misión. Muchas iglesias no tienen suficiente presupuesto porque no proporcionan oportunidades en el ministerio y la misión. En lugar de obsesionarse con los ingresos, la supervivencia y el mantenimiento, las congregaciones generosas continuamente se enfocan en cambiar vidas, llegar a nuevas personas y ofrecer una misión que tenga significado para sus miembros. Al crecer en el ministerio, las donaciones aumentan.

Las congregaciones que practican la generosidad extravagante enseñan, modelan y cultivan la generosidad entre niños y jóvenes. Las clases de la escuela dominical, los ministerios para niños después de la escuela, la escuela bíblica de vacaciones y los ministerios para jóvenes ofrecen oportunidades para dar individualmente y trabajar en grupo para lograr una meta ministerial que sea significativa, tangible y convincente. En lugar de recolectar ofrendas de manera superficial, los líderes de niños y jóvenes explican, enseñan y conectan la acción de dar a la obra de Dios. Las congregaciones generosas equipan a los padres con ideas, sugerencias y prácticas que fomentan la generosidad para niños, niñas y jóvenes de todas las edades.

- ¿Describiría usted a su congregación como generosa? ¿Por qué? ¿Por qué no?
- ¿Se describiría usted como una persona generosa? ¿Es usted extravagante en su generosidad?

DELEITE EN DAR

"A los ricos de este mundo manda que no sean altivos ni pongan la esperanza en las riquezas, las cuales son inciertas, sino en el Dios vivo, que nos da todas las cosas en abundancia... Que hagan bien, que sean ricos en buenas obras... De este modo alcanzarán la vida eterna".
— 1 Timoteo 6:17-19

Las personas que practican la generosidad extravagante dan con una liberalidad inesperada, hacen que dar sea una prioridad y planifican sus donaciones con gran energía y pasión. Van más allá de lo esperado. No dan desde una mentalidad de "lo que queda", sino desde la prioridad de "qué es lo primero y más importante". Dar en serio se convierte en una disciplina espiritual personal, una forma de servir a Dios y un medio para ayudar a la iglesia a cumplir la misión designada por Dios. Con un enfoque en la convicción y la intención, estas personas dan de una manera más pronunciada, sin temor y con mayor confianza. Dar les cambia la vida.

La palabra *extravagante* describe la donación que es extraordinaria, exagerada e impulsada por una gran pasión. *Extravagante* es la generosidad que se observa en aquellas personas que aprecian la belleza de dar, el asombro y la alegría de querer impactar positivamente para colaborar con los propósitos de Cristo. La generosidad extravagante es dar a Dios como Dios nos da a nosotros.

Las personas que practican la generosidad extravagante logran cambios que generan más cambios y estos cambios tienen mayor impacto. Este tipo de generosidad las sitúa en proyectos en los que nunca soñaron que Dios las involucraría. Son conscientes e intencionales. La generosidad es su vocación. Quieren lograr cambios positivos en el mundo para Cristo. Para estas personas ayudar es vital.

Estas personas crecen en la gracia de dar y aprenden de sus experiencias al dar. Dan pequeños pasos hasta que la generosidad se vuelve natural. Profundizan su comprensión de dar a través de la oración y las Escrituras, y fomentan la generosidad en los demás. Dan más ahora que en el pasado, y darán más en el futuro de lo que dan hoy.

Motivan a los miembros de sus congregaciones a ser más generosos. Abogan por un ministerio centrado en el exterior. No dan para controlar la iglesia sino para apoyarla. Se destacan en dar. Les encanta dar. Su motivación es el deseo de lograr cambios positivos y constructivos. No quieren diseminara entre la comunidad sentimientos de culpa ni miedos por no donar, ni el deseo de reconocimiento o de manipular a los demás. Dan con humildad. Sin embargo, atraen a otros hacia la generosidad y hacia Dios a través de su ejemplo.

Las personas que practican la generosidad extravagante les enseñan a sus hijos y nietos a dar, a ganar dinero honestamente, a ahorrar sistemáticamente, a gastar con prudencia y a dar generosamente.

Estas personas generosas viven con un sentido de profunda gratitud. Les gusta recibir dinero, encuentran placer y deleite en usarlo responsablemente y experimentan alegría al darlo para los propósitos de Dios por medio de los ministerios de la iglesia. No se apegan demasiado a los bienes materiales, pero tampoco se dejan detener, ni engañar, ni desviar en su caminar con Cristo por el deseo de poseer dinero. Se deleitan en andar por el camino de Jesús, que es el camino de la vida verdadera y abundante.

- Cómo se deleita en el bien que usted hace a través de sus donaciones?
- ¿Da usted más ahora que en el pasado y espera dar más en el futuro? ¿Cómo está usted *aprendiendo* a dar?

Cuarta semana. Reflexiones.

NOTAS

Segunda semana

[1] Charles Frazier, *Cold Mountain* (Atlantic Monthly Press, 1997); pp. 231–232.

[2] Frazier; pp. 232, 234.

Tercera semana

[3] Leo Tolstoy, *How Much Land Does a Man Need? and Other Stories* (Penguin, 1993); p. 110.

www.ingramcontent.com/pod-product-compliance
Lightning Source LLC
Chambersburg PA
CBHW062015040426
42447CB00010B/2023